Marion Jana Goeritz

Seelenfrieden

Danken, Bitten, Entspannung

ein persönlicher Erfahrungsbericht

Bibliografische Information der Deutschen Nationalbibliothek:

Die Deutsche Nationalbibliothek verzeichnet diese Publikation in der Deutschen Nationalbibliografie; detaillierte bibliografische Daten sind im Internet über http://dnb.dnb.de abrufbar.

© 2015 Marion Jana Goeritz

Coverbild: Marion Jana Goeritz

Herstellung und Verlag: BoD – Books on Demand, Norderstedt

ISBN: 978-3-7386-4884-3

Inhalt

Begrüßung 7

Seelenfrieden. 8

Bitten..................................... 41

Danken................................... 68

Entspannung 81

   Ein zauberhafter Baum..... 91
   Ein liebenswerter Kater..... 114
   Ein besonderer Gastgeber.. 134
   Die magische Feder.......... 152

Begrüßung

Herzlich Willkommen liebe Leser,

auf dem Weg, zu meinem „wahren selbst" fand ich meinen Seelenfrieden.

In diesem kleinen Buch, beschreibe ich meine persönlichen Erfahrungen, die ich auf meinem Seelenweg machte, um meinen Seelenfrieden näher zu kommen.

Herzlichst

Marion Jana Goeritz

Seelenfrieden.

Fühlen Sie, die Energie dieses Wortes?
Gern würde ich Sie fragen:
„Haben Sie sich schon, auf den Weg zu Ihrem Seelenfrieden begeben?
Oder suchen Sie noch nach Ihrem Weg?"

Ich glaube, es gibt verschiedene Wege, seinen Seelenfrieden finden zu können.
Manchmal, hilft schon ein Spaziergang an der frischen

Luft, nach einem arbeitsreichen Tag. Ein Treffen mit Freunden oder Sport.

Es gibt vielfältige Möglichkeiten, diese einen, nach einem stressigen Tag, besser fühlen lassen.

Entspannung oder Meditation, gehören ganz sicher auch dazu.

Vergebung, auch ein Weg zum Seelenfrieden.

Ihre Seele, wird sich Ihnen mitteilen, durch Ihre Gefühle.

Eines, ist aber immer gleich.

Um den eigenen Seelenfrieden finden zu können, dazu gehört in erster Linie, dass man seine Gefühle auch wahrnehmen kann. Und zweitens, das man ihnen vertraut.

Denn ich glaube, Menschen die Ihre Gefühle nicht ausleben, könnten verstimmt und launisch werden.

Vielleicht, gehört sogar etwas Mut dazu, in manchen Situationen, sich den eigenen Gefühlen bewusst zu werden und sich ihnen zu stellen.

Diesen Schritt wählt man, wenn man beginnt, sich selbst zu lieben, und dem eigenen Gefühl vertraut.

Das ist, wie ich es empfinde, gesunde, geistige Ernährung. Doch es beinhaltet auch einen Weg. Und manchmal braucht es etwas Zeit, um diesen Weg zu finden. Ich glaube, wir sind alle hier um zu lernen. Der eine Mensch lernt früher, ein anderer später. Jeder hat so seine Lernaufgaben, zu seiner Zeit.

Die Aufgaben sind oft, alte Verhaltensmuster zu erkennen,

zu durchschauen und aufzulösen, da sie der Entwicklung der Seele, das „wahre selbst" zu leben, nicht mehr dienlich sind.

Dies kann man tun, in dem man innehält und sich, auf seine Gefühle und Bedürfnisse besinnt. Man fühlt dass eine Veränderung ansteht. Diese kann man unterstützen, wie ich finde, in dem man sich auch anschaut, wie war es in der Vergangenheit, diese oder jene Situation.
Warum hatte man immer wieder jemandem zugestimmt,

obwohl man fühlte, dass es für einen selbst nicht richtig wäre? Was bewog einen dazu?

Wie und was hatte man dabei gefühlt, als man zugestimmt hatte, obwohl man anders fühlte?

Oder ließ man sich immer wieder umstimmen, weil man nicht den Mut aufbrachte, die eigenen Gefühle, in dieser Situation zu äußern?

Woran liegt das?

Wie kann man dies ändern?

Warum fühlt man nicht die Liebe des anderen?

Oder, warum liebt man sich nicht selbst genug?
Warum ist man nicht kompromissbereit?
Oder, warum ist man immer kompromissbereit?

Diese und viele andere Fragen, kann man sich stellen, wenn man mutig ist, Antworten, die man eigentlich immer in sich selber findet, durch die eigenen Gefühle zu empfangen.
Ich glaube, oft fühlt man es, woran es liegen könnte, man spricht es nur nicht aus. Denn, hat man es ausgesprochen, hat

man es bewusst wahrgenommen. Und weiß nun, man müsste eine Veränderung vornehmen. Das wiederum kann einen Stress fühlen lassen. Warum? Weil man vielleicht noch nicht weiß wie man es ändern könnte. Oder weil man vielleicht Ängste hat.
Vielleicht stellt man aber auch fest, das man noch nie sehr mutig durch sein Leben gegangen ist und man empfindet, die eigene Lebensqualität leidet darunter. Möchte das, gern ändern und es bedarf der Hilfe von außen. Sollte man

dies für sich so feststellen und fühlen, dann wäre eine Psychotherapie ein hilfreicher Schritt, um die eigene Lebensqualität wieder zu erhöhen, wie ich finde.

Für mich waren solche Fragen auf meinem Weg auch einmal sehr wichtig.
Wie hätte ich sonst lernen können?
Wie hätte ich sonst etwas über mich, meine Ängste erfahren können?
Wie hätte ich vorwärts gehen können, wenn ich nicht er-

kannt hätte, was falsch gelaufen war?
Ich wählte den Schritt, zur Psychotherapie vor vielen Jahren. Ich fühlte mich in meiner Familie nicht wohl und fühlte das es schon in meiner Kindheit begründet lag. Dies und noch einige andere Probleme, diese sich mit der Zeit angehäuft hatten, wurden für mich zufriedenstellend geklärt. Ich fühlte mich viel besser und es fühlt sich bis heute für mich so an, dass keine größeren Probleme mehr haften blieben. Denn ich lernte mit Schwierigkeiten

umzugehen und diese zu lösen.
Ich glaube auch, dass man durch ungute Gefühle, unschöne Situationen anziehen könnte.

Welchen Weg Sie gehen möchten, werden ganz allein Sie entscheiden.

Fühlen Sie, in sich hinein!
Haben Sie Mut und sind Sie ehrlich mit sich selbst.
Denn, ich glaube, dass dies zwei Komponenten sind, diese unbedingt dazu gehören, um

seinen Seelenfrieden zu erlangen.

Für meine Seele waren auch viele Jahre, Edelsteine sehr wichtig. Ich meine, die Edelsteine, halfen meiner Seele beim Überleben. Hatte ich sie bei mir, fühlte ich den energetischen Unterschied, zu vorher.

Und wer viel lernt, braucht Energie.
Man durchlebt eine Transformationsphase. Diese kann man als sehr anstrengend empfinden. Doch an das neue, höhere

Energieniveau müssen sich Körper, Geist und Seele erst gewöhnen. Dadurch ist es gut möglich, dass man mehr Ruhepausen benötigt. Auch mehr Schlaf.
Denn man denkt um, überlegt, verarbeitet und verdaut, manchmal auch, eine schwere Kost.

Man wurde wach gerüttelt!

Und vielleicht brachte einen auch das Wörtchen „nein", zu dem ersten Schritt auf dem Weg zu seinem Seelenfrieden.

Und man fühlt auf einmal, es ist gar nicht so schlimm, wenn man keine fremden Erwartungen mehr stillt. Man fühlt vielleicht sogar, mehr Kraft in seiner Seele und dadurch kann man Situationen besser meistern. Man wird selbstbewusster und tritt auch so auf.

Man lebt, und das vielleicht zum Ersten Mal, oder wieder, weil man nun seine Gefühle wahrnimmt und den Mut hat, sie auch auszuleben.

Von mir darf ich sagen, ich empfand, meine Probleme wurden weniger, ich fühlte mich besser, und war dankbar, dass ich meinen Weg gefunden hatte. Außerdem fühlte ich nun, dass mein Seelenfrieden, nicht unbedingt etwas mit Geld zu tun hat. Denn früher glaubte ich, das ich mich nur glücklich fühlten könnte, wenn ich viel Geld haben würde. Ich wurde eines besseren belehrt.

Doch ich mach auch kein Geheimnis daraus, dass es für mich nicht einfach war.

Ein weiterer Schritt zu meinen Seelenfrieden, war auch, die Arbeit mit meinem inneren Kind.

Ich stellte mir vor, wie ich das kleine Mädchen auf meinen Schoß nahm und es fragte, warum es traurig ist. Ich erinnere mich, es fiel mir schwer, zu Anfang mit ihr zu sprechen. Denn ich fühlte schon, dass sie mir etwas mitteilen würde, das für mich nicht einfach zu lösen wäre. Sie mochte Liebe. Das kleine Mädchen, saß auf meinem Schoß, ich hielt mich an ihr fest, und aus mir stürzten Tränenbäche.

Hatte ich mich beruhigt, hörte ich ihr zu. Und es waren gar nicht so große Dinge, die sie haben mochte. Sie wollte einfach nur ein Gefühl der Liebe, der Freude.

Mein Fehler war, ich habe diese Liebe immer im Außen gesucht, vor allem in meiner Familie.

Ich erfüllte nie Erwartungen. Ich glaube somit war ich in meiner Familie die große Ausnahme. Allerdings tat ich manches Mal etwas, um ihre

Liebe zu bekommen, doch das führte mich nicht an mein Ziel. Und so fühlte ich, ich müsse etwas ändern. Das ging schrittweise, und dem kleinen Mädchen viel zu langsam. In mir selbst, fühlte ich ein unwahrscheinliches großes Gefühl der Liebe. Ich darf behaupten, es war so viel Gefühl in mir, so fühlte ich es, das ich immer zu dachte, wem soll ich diese Liebe schenken. Wo ist dieser Mensch, dem ich dies alles schenken darf.

Ich fragte mich, wenn mir nie jemand Liebe schenkte, woher

kam dann dieses Gefühl in mir, selbst so viel Liebe zu fühlen und geben zu können. Ich meinte, eigentlich ist dies nicht möglich. Ich glaubte ein Mensch, der ohne viel Liebe aufwächst, so wie ich es empfunden hatte, kann doch nicht in der wunderbaren Lage sein, Liebe zu geben. Doch warum fühlte ich, dass ich es könnte?
Später erkannte ich für mich, ich lebte Liebe.
Durch meine eigene Art, die Welt zu sehen und Situationen für mich zu klären. Ich erfüllte nicht die Erwartungen Ande-

rer, sondern hörte auf mich, was mein Gefühl mir riet. Ich fühlte dann oft, das Unverständnis der Anderen und es machte mich traurig. Und das war wieder ein Grund, das kleine Mädchen in mir, auf meinen Schoß zu nehmen, und ihr liebevoll zu sagen, wenn dich hier keiner mag, ich tu es. Ich bemühe mich, dir zu zuhören, für dich da zu sein. Und sollte ich dich mal nicht erhören, nicht weinen, sondern ruf ganz laut nach mir. Und so lernte ich, Schritt für Schritt.

Heute, lebt mein inneres Kind schon viel lebendiger.

Ausleben darf ich es mit dem kleinen Kind meines Mannes, durch meine spirituelle Arbeit und nicht zu vergessen, durch die wunderbaren Seelen meiner Katzenkinder, und auch einigen Seelen, diese mich schon verlassen mussten.

Auch mit ihnen spreche und lache ich, und das kleine Mädchen in mir, findet das ganz wunderbar. Und da ich gerade meine Kätzchen erwähnt habe, möchte ich gern eine lustige Geschichte erzählen.

Die Seele meines Kater Wanuscha, wollte gern ein Stofftier zum Kuscheln in sein Körbchen. Ich hatte einige Spielmäuschen in verschiedenen Farben, doch diese interessierten ihn nicht. Ich hörte seine Seele sprechen, sie hätte gern ein Schaf. Ich lachte, welcher Kater möchte ein Schaf. Als ich mal einkaufen war, fiel mir dieser Wunsch wieder ein und ich kaufte kein Schaf, aber einen Zwerg. Ja ich weiß, mit der Ähnlichkeit hapert es, aber der Zwerg lachte mich so schön, aus seinem Regal an, mit seiner orangenfarbenen Mütze und seinen großen Augen. Zu Hause angekommen, ging ich freudig zu meinem Kater und brachte ihm diesen Zwerg.

Mein Wanuscha lag in seinem Körbchen, und ich hielt ihm den Zwerg hinein und meinte „Schau mal."

„So groß?" Ich lachte als die Seele mir dies entgegnete, und ja er hatte recht. Es war schon ein großer Zwerg. In diesem würden viele der kleinen Spielmäuse passen. Durch die Reiki Energie, lies ich die Angst in Vertrauen, durch die

Engel wandeln. Und ich durfte, den Schlumpi , so nannte ich diesen Zwerg, in das Körbchen legen. Mein inneres Kind begann sofort mit dem Spiel. Mit kindlicher Stimme sprach ich und nahm Schlumpi in die Hand. Diesen lies ich immer mal wieder mit seiner Hand über das Fell meines Katers streichen und Schlumpi erzählte viel. Immer mit verstellter Stimme, sprach Schlumpi davon, das Wanuscha nun sein Freund sei und er ihn lieb hat. Der Zwerg turnte auf Wanuschas Rücken und sie

spielten Pferd und Reiter. Wanuscha gefiel das. Er schnurrte und drehte sein Köpfchen an dem Zwerg. Und ich hatte auch meinen Spaß. An einem Tag, lief Wanuscha neben mir zur Küche. Ich meinte noch zu ihm, „Bleib doch, ich bin gleich zurück." Doch er tippelte neben mir her und seine Seele sprach „ Schlumpi ist tot."
Ich schaute meinen Kater fragend an, und fragte die Seele erschrocken „Was? Der ist tot. Wieso?" Seine Seele antwortete: „Der sagt nichts mehr." Ich begann herzhaft zu Lachen.

Man, dachte ich, was hast du da gemacht. Natürlich sprach Schlumpi nur durch mich. Auch heute noch. Mein Katerkind, hat sich nun daran gewöhnt, das sein Zwerg nur sprechen kann, wenn auch ich da bin und oft, möchte er wie ein kleines Kind, zu seinem Schlumpi ins Körbchen gebracht werden. Ich nehme meinen Wanuscha auf den Arm, er darf aus dem Fenster in die bunte Welt schauen und dann ab ins Bett. Schlumpi und ich wir beide streicheln ihn und lassen ihn fühlen, wie lieb wir ihn haben. Das gefällt ihm gut. Lange bleibt er nicht im Körbchen liegen, sondern springt raus, sucht mich und setzt sich vor mich hin. Und alles beginnt von vorn. Mein kleines Mädchen, hat dabei auch Freude. Und ich fühle mich pudelwohl.

Eine andere Hilfe auf meinem Weg, mich auszudrücken, war auch das Malen mit Pinsel und Farbe, oder das Basteln. Für mich war dies auch eine Art Meditation.

Als ich meiner Dualseele „begegnete", half mir das Malen.

Das muss nicht schön aussehen, denn darum geht es auch nicht. Es muss die Seele von ihrem Kummer befreien. Ganz intuitiv, malte ich das, was ich zu dieser Zeit fühlte. Und es hat mir gut getan.

Den Weg zu seinem Seelenfrieden, muss jeder für sich fühlen.

Aus heutiger Sicht, kann ich für mich sagen, vieles hätte ich auch schon früher klären können. Die Anzeichen waren da, ich hatte sie auch bewusst wahrgenommen. Doch ich war und bin auch mit mir selbst immer ehrlich umgegangen. Und so fühlte ich, in früherer Zeit, dass ich es nicht konnte, aus bestimmten Gründen. Dies jedoch brachte mir zwei Krankheiten ein. Doch ich glaube heute, es gibt für alles eine zweite Chance, in der, dann aber genau das geschehen muss, was für das „wahre selbst" wichtig ist. Man kommt nicht mehr drum herum. Mich führte diese Art des Aufschubs meiner Lernaufgabe zur Vergebung. Und ich lernte, das Vergeben auch ein Weg zu meinem Seelenfrieden war.

Ich bat Gott um Vergebung und vergab mir selbst, doch es war ein langer Weg. Ich fühlte großen Schmerz, als ich erkannte, dass nur ich, hätte etwas ändern können und kein anderer. Ich fühlte damals, es liegt nun schon 30 Jahre zurück, dass ich erst vom Schmerz befreit wurde, als ich es fühlte, warum ich diesen Fehler begangen hatte. Gott hatte mir verziehen. Ich bekam eine zweite Chance, freute mich sehr und nutze sie noch heute.

Der Weg zu meinem Seelenfrieden, dauerte, war und ist ein Lernprozess. Ich weiß, man kann den Seelenfrieden finden, wenn man sich ehrlich auf die Suche begibt. Und ich glaube wenn man die großen Aufgaben gemeistert hat, dann reicht in jedem Falle, ein Spaziergang oder ein Treffen mit netten Leuten, oder dergleichen aus, um wieder in sein Gleichgewicht zu kommen. Und wenn nicht dann ein Gebet oder eine Bitte zu dem Herrn.
Liebe Leser, vielleicht können meine Erfahrungen, Ihnen hel-

fen, Ihren Weg mutig zu gehen, diesen Sie fühlen oder vielleicht mochten Sie nur interessehalber lesen, ob Ihr Weg, auch der Weg von anderen sein könnte.
Ich glaube dass dies möglich wäre.

Bitten

Auf dem Weg zu meinem Seelenfrieden, blieb es nicht aus, dass ich Zwiegespräche mit Gott und auch mit der Heiligen Maria, Mutter Gottes führte.
Dies tu ich übrigens auch heute noch.
Mit Gott fühle ich mich im Gebet des „Vater unser" verbunden.
Doch glaube und fühle ich, für mich ist es auch hilfreich, meine Anliegen, mit meinen Worten auszusprechen. So spreche ich zu Anfang das „Vater un-

ser" und füge anschließend meine Bitte hinzu, diese ich, mit meinen eigenen Worten, positiv formuliere, wenn ich mit Gott im Zwiegespräch bin. So fühle ich mich gut dabei.

Für mich sind meine Gefühle sehr wichtig. Auch bei einem Gebet muss ich fühlen können, das ist so gerade richtig für meine Seele. Denn ich glaube, wenn man auch in einem Gebet sich mit der Wortwahl nicht wohlfühlt, besitzt es keine Kraft. Ich fühle das so für mich.

Dankbar bin ich, dass mich die Energie der Heiligen Maria, Mutter Gottes schon eine Zeit begleitet. Manchmal spricht sie zu mir:

„Mein liebes Kind, sprich aus, was dir auf dem Herzen liegt."

Dabei achte ich auf meine Wortwahl, diese, wenn möglich, immer positiv und einfach gehalten ist, weil ich es so fühle.

„Einfach Denken ist eine Gabe Gottes. Einfach Denken und einfach Reden ist eine doppelte Gabe Gottes."

Konrad Adenauer

Diesem Zitat, fühle ich mich sehr nah.
Auch wenn es sich für mich nun etwas komisch anfühlt, dass ich es mit in dieses Buch aufgenommen habe, aber für mich trifft es den Punkt.

Doch zu vor, hatte ich über die positive Wortwahl einer Bitte geschrieben.

Und an dieser Stelle ein kleines Beispiel:

„Vater unser"

„Lieber Gott
ich habe eine Bitte.
Gern würde ich mich zum Positiveren verändern.
Eine neue, bezahlte Tätigkeit wäre schön, bei deren Verrichtung, ich Freude empfinden darf.

Ich würde mich freuen,
wenn du mir Zeichen sendest,
die ich sehen, erkennen und deuten kann.
Danke."

Eine negativ formulierte Bitte,
würde vielleicht so lauten:

„Lieber Gott.
Hilf mir
meine Arbeit macht keinen Spaß mehr.
Ich will dort nicht mehr bleiben
nichts hält mich dort noch.
Ich will zwar Unterstützung von dir,

aber ich habe auch Angst, das ich die Zeichen, die du vielleicht schickst, nicht erkennen kann."

Fühlen Sie auch den Energieunterschied der Beispiele?

Und was meinen Sie, wohin führt diese negativ, formulierte Bitte?
Ich glaube, sie würde zu einer ähnlichen, negativen Situation führen.
Denn alles das, was man eigentlich nicht mehr haben möchte, wurde in die negativ,

formulierte Bitte, durch Worte gelegt, und somit auch die entsprechende Energie.

Wenn man eine neue Tätigkeit möchte, weil man sich nicht mehr wohlfühlt mit dem, was man tut, dann, glaube ich, sollte man das, ins Positive umkehren.

Das heißt, nicht mehr das „nicht haben wollen" formulieren, sondern „das Neue", was man sich wünscht.

In diesem Fall eine Tätigkeit, die einem Freude bereitet, wenn man sie verrichten darf und diese für ein Einkommen sorgen kann.

Wie kann man Besserung erhoffen, wenn man in eine ungute Energie geht und diese als Bitte abgibt?

Ich glaube, wenn man positiv denkt und somit auch fühlt, „bereitet" man vor. Man kann dadurch eine positive Grundstimmung erschaffen und zieht positivere Situationen an.

Auf den folgenden Seiten, werden Sie verschiedene, positiv, formulierte Bitten finden. Diese können Sie gern, wenn es Ihr Gefühl erlaubt, in einer für Sie verbesserungswürdigen Situation verwenden.

So wie ein kraftvolles Gebet, spricht man auch die Bitten, nur in Situationen aus, wo man sich wirklich Hilfe erhofft.

Vielleicht haben Sie es bei einem Gebet auch schon einmal so empfunden.
Sprachen Sie Ihr Gebet an einem Tag wie jeder andere, ist es

eine andere Energie, als wenn Sie sich aus tiefster Seele Unterstützung erhofften.
Ihr Gebet enthielt viel Kraft, weil Sie aus einer großen Hoffnung heraus agierten, und sich wünschten, dass diese erfüllt würde.

Alles ist Energie.
Der Gedanke, das Wort, das Gefühl.

„Lieber Gott.
Bitte führe mich
zu dem Ort auf dieser Welt,
an dem ich mich zu Haus füh-
len darf.
Wo ich glücklich sein darf,
mit dem Menschen
den ich liebe
und dieser auch mich liebt.
Danke."

„Lieber Gott.
Ich bitte dich
aus tiefstem Herzen,
schenk mir die Kraft
den Weg meiner Seele gehen zu dürfen.
Bitte
sende mir Zeichen auf meinem Weg,
die ich erkennen
verstehen und deuten kann,
um zu fühlen
ich geh auf den richtigen Pfaden.
Danke."

„Alles was in meiner Kraft stand habe ich getan,
um eine Veränderung herbei zu führen.
Lieber Gott,
bitte hilf mir wieder,
weiter auf meinem Weg.
Deine Kraft,
sie stärkt mein Vertrauen.
Deine Liebe,
sie schützt mich auf meinen Wegen,
und das immer wieder.
Ich wünsche mir deine Hilfe,
damit ich mein Ziel erreichen darf.
Danke."

„Heilige Maria, Mutter Gottes,
bitte lass mich
eine aufrichtige Liebe leben.
Bitte hilf mir dabei,
den Mut zu haben,
meinen Weg zu ändern.
Danke."

„Gütiger Gott,
ich bitte dich,
lass mich erkennen,
wie segensreich,
die gerade, durchlebte Situation
für mich sein wird.
Es wäre ein kleines Licht
auf meinem Weg,
an dem ich mich jetzt wärmen könnte.
Danke."

„Lieber Gott,
manchmal
müsste ich mehr vertrauen,
obwohl ich fühle das ich
auf dem richtigen Weg bin.
Bitte hilf mir,
damit ich vertrauensvoller
in die Zukunft schauen darf.
Danke."

„Lieber Gott.
Lass alle Menschen bitte
durch deine Liebe
gut fühlen.
Danke."

„Gütiger Gott,
du sprichst durch jede Seele,
bitte hilf mir,
meine Gefühle zu verstehen.
Danke."

„Oh Gütiger Gott ,
das Licht dieser Welt,
wann
darf es die Nachricht
vom Frieden verkünden.
Danke."

„Heilige Maria, Mutter Gottes,
ich bitte dich,
lass mich fühlen,
ob der Mensch,
der mich zum weinen brachte,
meiner Liebe würdig ist.
Danke."

„Lieber Gott,
lass mich bitte Liebe fühlen,
damit ich hoffen darf,
alles wird wieder gut.
Danke."

„Die Vergangenheit
ein Stück hinter mir
und doch sehe ich mich um.
Gütiger Gott,
ich bitte dich,
hilf mir,
auf meinem neuen Weg.
So gern
würde ich mit diesem Menschen leben,
so gern
möchte ich lieben,
so gern
möchte ich auf diesem neuen Weg weiter gehen.
Ich bitte dich,
Lieber Gott,

lass mich fühlen,
ob auch der andere so empfindet,
und ob es auch dein Ansinnen ist.
Dann könnte ich den Mut aufbringen, weiter zu gehen.
Danke."

„Heilige Maria, Mutter Gottes.
bitte hilf mir,
die Gefühle meines Partners
zu verstehen.
Bitte hilf mir,
den Mut aufzubringen,
mit ihm darüber zu sprechen.
Danke."

„Lieber Gott,
lass mich dein Licht erkennen
und mich bitte fühlen,
du bist bei mir.
Danke."

„Heilige Maria, Mutter Gottes,
ich bitte dich, hilf mir.
Lass mich den Weg fühlen,
der mich zu meiner Liebe führt.
Danke."

„Lieber Gott,
bitte lass alle Menschen satt werden
und ein zu Hause haben.
Bitte, lass diese Menschen fühlen, sie werden geliebt.
Danke."

„Lieber Gott,
ich bitte dich, hilf mir
ehrlich und achtsam,
mit anderen Menschen umzugehen.
Danke."

„Lieber Gott, ich bitte
um Vergebung.
Lieber Gott, bitte hilf mir,
zu vergeben.
Danke."

„Lieber Gott, bitte,
schenk mir Kraft und Ausdauer, damit ich meine Aufgabe meistern kann.
Bitte, hilf mir dabei.
Danke."

„Lieber Gott, bitte,
lass mich einen Weg fühlen,
den ich mit Freude beschreiten
darf, um meinen Lebensunterhalt abzudecken.
Eine Erholungsreise im Jahr
würde mich freuen.
Danke."

Danken

Gern spreche ich meine Dankbarkeit, durch Danken aus.

Danken, sind meine guten Gefühle, die ich an die Geistige Welt sende, weil sie mir Unterstützung schenkte.

So kann ich auch meine Dankbarkeit zeigen. Ich schreibe „auch", weil ich durch meine Freude, die ich nach Erfüllung einer Bitte in mir fühle, auch danken kann. Doch für mich würde etwas fehlen, wenn ich es „nur" dabei belassen würde. Ich glaube, wie könnte ich mich nicht wieder mit einer Bitte, an Gott oder die Heilige Maria, Mutter Gottes wenden, wenn ich mich nicht, für mich anständig, bedanke. Spreche ich das Danken von Herzen aus, so erfüllt mich dies auch wieder mit Freude.

Sich bedanken für die Lösung, die sich einem offenbarte, ist doch eine wunderbare Geste an Gott oder die Heilige Maria, Mutter Gottes.
Das erleichternde Gefühl, die Freude, die man empfand,

wenn durch ein Gebet oder eine Bitte, sich ein Problem gelöst hatte, ein schönes Gefühl und ich glaube, ein paar Dankesworte wert.

Die Geistige Welt möchte, dass wir Freude haben, doch ich glaube auch, sie freut sich wenn wir uns nicht nur mit Bitten an sie wenden.

„Danke, dass ich auf diesen Weg geführt wurde, dieses Buch schreiben zu dürfen.
Es erfüllt mich mit Freude."

Das Danken habe ich, genau wie die Bitten, mit einfachen Worten gewählt.

„ Ein jeder Wunsch, wenn er erfüllt, kriegt augenblicklich Junge."

Wilhelm Busch

„Lieber Gott, ich fühle
du wachst über mein Tun
daraus, schöpfe ich Kraft.
Danke."

„Danke, Lieber Gott,
für deine Zeichen,
sie brachten mich
auf diesen Weg.
Ich fühle mich wieder."

„Heilige Maria, Mutter Gottes,
Danke für deine Hilfe.
Danke für deine Liebe.
Danke."

„Heilige Maria, Mutter Gottes,
Danke, dass du mich anhörst.
Ich fühle, dass ich dir vertrauen
darf.
Du schenkst mir die Kraft,
mich der wahren Liebe hinzu-
geben, damit meine Seele,
in Frieden leben kann.
Danke."

„Heilige Maria, Mutter Gottes,
Danke, für deine Hilfe,
das ich wieder lieben darf."

„Lieber Gott,
ich fühle deine Liebe,
jeden Tag.
Du zeigst mir den Weg.
Danke."

„Danke,
Lieber Gott.
Mit gutem Gewissen,
darf ich ausruhen,
um dann wieder
helfen zu dürfen,
wo meine Hilfe gewünscht ist."

Heilige Maria, Mutter Gottes.
Ich Danke dir von ganzem Herzen, für deine Fürsorge,
in den Zeiten der Veränderung.
Mich und alle Beteiligten,
hast du sanft,
auf einen neuen Weg geführt."

„Lieber Gott, Danke
für deine Hilfe.
Mit ihr konnte ich vergeben."

„Danke, Lieber Gott,
das du mich liebst,
auch wenn ich mit meinem
Glauben mal innehielt."

„Lieber Gott,
ich bin so Dankbar,
das du meine lieben Tiere,
die mit mir im Haushalt leben,
liebst und schützt."

„Heilige Maria, Mutter Gottes,
hab lieben Dank,
für deine ehrlichen Worte.
Sie führten mich,
auf den richtigen Weg."

„Lieber Gott,
lieben Dank, für deine Unterstützung.
Ich fühlte
die Kraft die du mir schenktest
im Gebet."

„Danke, für deine Hilfe,
Lieber Gott.
Du zeigtest mir meinen Weg
und ich fühlte,
ich werde ihn gehen.
So fand ich,
zu meinem Seelenfrieden.
Nun fühle ich mich glücklich."

„Heilige Maria, Mutter Gottes,
hab Dank.
Du schenktest mir Mut,
zu meiner Liebe zu stehen,
und nun fühle ich mich glücklich."

„Lieber Gott,
vielen Dank für deine Führung.
Ich vertraute
und fand die richtigen Worte.
Nun ist alles gut."

„Hab Dank für deinen Schutz.
Im Gebet fühle ich deine Kraft,
Lieber Gott."

„Danke Lieber Gott,
das alle die ich liebe,
gesund sein dürfen.
Danke,
das ich gesund sein darf."

„Lieber Gott, hab Dank,
für die Fülle,
die auf allen Ebenen,
meines Lebens Einzug hielt.
Danke."

Entspannung

Sich entspannen können, ich glaube, dies muss auch gelernt sein. Vor allem, wenn man ein Mensch ist, der sehr beschäftigt ist, und durch wenig Erholung, stressige Gefühle entwickeln könnte.
Man ist sehr weit vom eigenen Seelenfrieden entfernt. Man läuft ihm sozusagen davon.

Auch in meinen spirituellen Beratungen, habe ich erfahren können, dass Menschen, die sich ihren Gefühlen nicht stellen möchten, sich oft keine Zeit zur Entspannung nahmen, da sie sonst, zu sehr mit ihren Gefühlen konfrontiert wurden. Denn fühlt man, was nicht richtig läuft, wäre der nächste Schritt, dies zu ändern. Diese Menschen fühlten, dann Angst. Angst vor Veränderung und das aus ganz unterschiedlichen Gründen. Liebesverlust, Liebesentzug, Angst vor Enttäuschungen, feststellen zu müssen, das man vielleicht, doch nicht mutig genug ist, wie man es sich wünschen würde, und einiges mehr.

Geht man nicht in die Veränderung, wäre dies sehr schade, denn ich glaube, man verliert an Lebensqualität. Denn gerade sich seinen eigenen Bedürfnissen, Gefühlen zu stellen, bringt Sie Ihrem Leben ein Stück näher. Und sitzen die Ängste sehr tief, und man hat das Gefühl, man könnte das nicht allein lösen, dann würde ich, wie schon weiter vorn im Buch geschrieben, zu einer Therapie raten. Ich weiß, es gibt viele spirituelle Hilfestellungen, doch eine Psychotherapie ist eine Hilfe, die eine spirituelle Beratung nicht wirklich, geben kann.

Ist man trotzdem spirituell interessiert, kann man gern unterstützend mit Reiki-Energie helfen. Auch Klienten aus meinen Beratungen sind diesem Rat gefolgt und waren anschließend dankbar. Denn das verstehe ich persönlich, auch unter spiritueller Hilfe. Dem Ratsuchenden ehrlich mitzuteilen, das man fühlt, das er oder sie, professioneller, ärztlicher Hilfe bedürfen, weil man sich nicht dazu berufen fühlt und diese Art der der Hilfe nicht geben, nicht leisten kann. Aber, das ist wahrscheinlich Ansichtssache und liegt im Empfinden des jeweiligen, spirituellen Lebensberater.

Entspannen kann man auf vielfältige Weise.
Es kommt ganz auf die Person darauf an, mit welcher Entspannungsmethode, sie sich wohl fühlt.

Um einige zu nennen, da gäbe es die Musik, die Bewegung, als Spaziergang an der frischen Luft oder diverse Sportarten, die einem Spaß machen, und die man auch körperlich bewältigen kann. Man kann sich seinen Stress aber auch von der Seele schreiben. Eine sehr gute Methode, wenn man mutig ist, lesen zu wollen, was einen da eventuell die Ruhe nimmt. Ich glaube, durch diese Methode der Entspannung, lernt man sehr schnell, weil man sofort reflektiert bekommt, was verbesserungswürdig wäre. Der Schlaf ist auch eine sehr gesunde Entspannungsmethode. Die Seele findet Erholung. Oder die Meditation, das Vordringen in eine tiefere Ebene, kann sehr hilfreich sein, denn man ist seiner Seele sehr nah und so können einen möglicherweise Gefühle oder auch Bilder erreichen, die man zu deuten weiß. Aber auch das Gespräch mit einer vertrauten Person, kann die Augen öffnen.

Was für einen nun das Richtige ist, das wird jeder der die

Entspannung sucht, selbst fühlen.

Liebe Leser,

als ich meinen Weg zum Seelenfrieden beschritten hatte, schrieb ich einige Fantasiegeschichten. Diese dienten mir, nicht nur zur Entspannung, sondern, ich prägte mir eine davon ein und lies sie, vor meinem inneren Auge ablaufen und dabei gab ich mir manchmal auch Reiki. Ich fand dies ganz gut. Versuchen

Sie, wenn Sie es mögen, sich in die Geschichten fallen zu lassen, mitzugehen, und zu fühlen.

Fühlt man sich gut, sind dies kleine Geschichten, vielleicht für den Abend, zum Lesen oder Vorlesen, auch zum Vorlesen lassen.

Es sind vier verschiedene Geschichten, welche auf den nachfolgenden Seiten geschrieben stehen.

Und wenn man diese langsam spricht, mit ruhiger Stimme, sind sie auch für Reiki-Sitzungen bei Gefallen, wie ich finde, geeignet.

Ich wünsche Ihnen immer eine entspannte Zeit.

Ein zauberhafter Baum

Du gehst leise und still einen Waldweg entlang. Die Sonne scheint, ihre Strahlen berühren deine Haut und es fühlt sich angenehm an. Die Luft ist trotz des Sonnenscheines frisch und die Vögel zwitschern auf den Bäumen. Mit jedem Schritt, den du auf diesem Weg gehst, fühlst du dich etwas besser, so dass deine Gefühle, welche dich nicht gut fühlen lassen, immer mehr verloren gehen, sich einfach auflösen. Du blickst ab und zu in den Himmel und siehst, wie die federleichten, weißen Wolken, Fange spielen. Sie tummeln sich im Himmelblau. Du fühlst dich immer besser. In vielen Wolken entdeckst du Bilder. Engel, Federn, Vögel, ganz unterschiedliche Figuren. Es bereitet dir Freude, diese sehen zu können. Und so werden deine letzten, unguten Gedanken, vom leichten Wind, einfach weg gepustet. Es wird nun Platz, für viele positive Gedanken, Gefühle und Eindrücke. Ein Stück des Weges voraus, siehst du einen großen, gut gewachsenen, stolzen Baum stehen. Er sieht prachtvoll aus, mit seiner satten, grünen Krone. Du kommst näher und siehst, dass es wunderschöne, runde Blätter sind, die er trägt und die sich leicht im Wind hin und her bewegen. Das Rauschen der Blätter, nimmst du sehr stark war und du fühlst, das es dir und deiner Seele gut tut. Du kannst deinen Blick gar nicht mehr von der hohen Baumkrone lassen, und durch das Rauschen der Blätter, fühlt es sich für dich an, als ob der Baum sprechen würde.

„Lass dich nieder, alles ist gut." Du traust dem Gefühl in dir und hörst wieder einige Worte. „Ja, ich war es, der gerade zu dir sagte, verweile doch bei mir im Schatten, ruhe dich aus und genieße das, was ich dir gern zeigen würde." „Was würdest du mir denn gern zeigen lieber Baum", fragst du freundlich nach und blickst schon wieder hinauf in seine große Krone. „Nun, geh um mich herum und sieh dir meine Rinde an, da wirst etwas entdecken, was nicht alltäglich ist. Schau genau hin." Du gehst um den großen, stolzen und liebenswerten Baum. Da entdeckst du, durch die Sonnenstrahlen, so als ob sie dir das Sehen möglich machen wollten, ein kleines, goldfarbenes Scharnier, das durch das Sonnenlicht funkelt. Du blickst nach oben und gibst an die Sonnenstrahlen ein Gefühl der Dankbarkeit ab. Zögerlich öffnest du etwas die Tür. Noch einmal, schaust du zur Krone des Baumes und hörst wie er zu dir sagt: „Geh nur, geh. Habe Vertrauen, du wirst wunderbares erleben. Es wird dir ganz bestimmt gut gefallen. Geh nun." Du tust, was der liebenswerte Baum dir sagt und auch ihn lässt du deine Dankbarkeit spüren, in dem du ganz vorsichtig die schon etwas geöffnete Tür weiter öffnest. So etwas hast du noch nie gesehen, eine Baumrinde, in der eine kleine Tür ist, die man öffnen kann, um hinein in den Baum zu steigen. Schon als Kind hattest du dir so etwas ausgemalt, wenn du träumend auf der Wiese lagst, aber das es das wirklich gibt. Eine schöne hölzerne Treppe führt hinab in das

Erdreich. Was für eine schöne Arbeit diese Treppe. Das muss ein echter Könner gewesen sein, der diese Treppe gezaubert hat. Du traust dich kaum sie zu betreten, doch da schon vernimmst du eine freundliche Stimme. „Gern kannst du dich an meinem Geländer festhalten wenn du möchtest. Tritt nur auf die Stufen. Ich bin nicht aus Pappe. Habe Vertrauen, geh weiter, geh weiter hinunter, es wird dir gut gefallen." Und du gehst weiter, du staunst, über das schöne, gedrechselte Geländer, an dem du auch Halt findest. Noch nie hast du irgendwo, so eine robuste, aber, dennoch, wunderschöne Holztreppe gesehen. Auf jeder einzelnen Stufe, ist der stolze Baum eingeschnitzt. Jedes Blatt ist ausgearbeitet, du hast schon so viel Freude, nur als du die Treppenstufen siehst. Als du die letzten Stufen hinunter steigst, spricht die Treppe noch mal zu dir: „Habe Freude an dem was du sehen und erleben wirst. Lass alles los, was dir nicht dient und habe Vertrauen, du bist in Sicherheit." Wie von Zauberhand, ist plötzlich eine saftig, grüne Wiese mit vielen bunten Blumen, wie ein Blütenmeer, vor dir. Als hätte man diese gerade erst nur für dich dahin gelegt. Bienen, Hummeln, Marienkäfer und Libellen fliegen umher und du hörst wie sie dir zu rufen: „Guten Tag, schön das du hier her gefunden hast." Deine Augen haben lange nicht mehr so viel schönes gesehen. Du siehst, kleine, graue Hasen im Gras, auch sie rufen dir zu, wie sehr sie sich freuen, dass du gekommen bist. „Komm nur her, komm auf unsere wunderschöne, bunte Wiese", rufen sie dir alle zu. Und du folgst dem Rufen. Du breitest deine Arme aus, nimmst sie weg vom Körper, lässt sie in der Luft fliegen und drehst dich vor Glück, um deine eigene Achse. Du kannst es noch gar nicht fassen, wie schön es hier ist. Du gehst weiter und kommst an einen hölzernen Unterschlupf. Es stehen ein Tisch und eine Bank da, sie scheinen aus dem gleichen Holz zu sein, wie die wunderschöne Treppe, im Baum. Auch hier entdeckst du das Symbol des Baumes wieder, dieses auf den Tisch und auch auf der Bank eingeschnitzt ist. Es sieht schön aus. Es fühlst sich für dich an, als ob du auf alte Freunde treffen würdest. „Auf dem Tisch ist eine Brotzeit für dich, lang ruhig zu und trink von dem kühlen, wohlschmeckenden Quellwasser. Es wird dich stärken und dir gut tun. Trau dich, lang zu." Du schaust, wo die Stimme herkommt, die dich so liebevoll einlädt. Da siehst du ein Reh. Seine treuen, lieben, braunen Augen sehen zu dir und es nickt, als ob es dir sagen möchte, komm, nun setzt dich. Du bedankst dich für die herzliche Einladung und nimmst sie sehr gern an. Du lässt es dir gut schmecken. So an der frischen Luft, bei herrlichem Sonnenschein und einer so harmonischen Tierwelt, wie du sie hier erleben darfst, schmeckt es dir gut. Das frische Wasser, das duftende Brot, belegt mit reifen Käse. Frisches Obst, wie rote knackige Äpfel und pralle Weintrauben. Es ist ein Genuss für die Sinne. Dabei siehst du auch noch andere Tiere, die an dir vorbeilaufen, die dich herzlich grüßen und dir einen guten Appetit wünschen. Ein stolzer Hirsch, mit einem schönen Geweih, ein Fuchs, dessen Fell weich und kuschelig ausschaut, kleine Hasen, die im Gras hoppeln und miteinander spielen. Eine Elster fliegt vorbei, sie hat ein tolles, weiß, schwarzes Gefieder und Insekten, sie summen dir ein Lied zum Essen und das Reh sitzt neben dir und leistet dir Gesellschaft, bis du mit deiner Brotzeit fertig bist. Als es soweit ist, bedankst du dich noch einmal, ganz lieb bei dem Reh, für seine liebevolle Fürsorge. Dieses freut sich und sagt zu dir: „Geh nun zurück auf die bunte Wiese. Weit oben, über ihr, wartet noch jemand auf dich." Du antwortest ihm: „Das tu ich gern." Neugierig auf das, was dich noch erwarten wird, gehst du nun wieder zurück zur Wiese. Zuvor, bedankst du dich bei der Bank, das du auf ihr ausruhen durftest und beim Tisch, dass er so leckere Speisen für dich trug. Die Frische Luft, die harmonische Tierwelt, die Bäume, die

Gräser, ja einfach alles, ist hier so prächtig und voller Leben.

Dann entdeckst du schon die Wiese. Deine Augen leuchten wie Sterne, dein Herz, hüpft vor Freude und du fühlst dich sehr gut. Du kannst dich gar nicht satt sehen an den schönen Farben. Aus der Höhe vernimmst du eine Stimme die dir zuruft: „Hallo hier oben bin ich, ich komme gleich mal zu dir, einen Moment noch." Weit oben siehst du einen Adler fliegen, welcher nun einen sanften Landeanflug auf die Wiese macht. Nun ist er vor dir. Groß

mit klaren Blick und glänzendem Gefieder. „Hab Vertrauen, ich bin hier, um dir zu helfen, wenn du es möchtest."
„Ja, aber wie sollst du mir denn helfen können", ist deine Frage an den Adler. „Das wirst du erleben dürfen", antwortet dir der Adler. „Steig auf meinen Rücken und halte dich gut an meinen Schwingen fest." Du steigst voller Vorfreude auf und tust was der Adler dir geheißen hat. "Halte dich jetzt gut fest", sagt er nochmals. Und schon geht es los. Der Adler erhebt sich mit dir in die

Höhe. Du fühlst dich wunderbar. Unter dir, siehst du die bunte Wiese ganz klein. Du siehst weite Wälder, mit schönen Baumkronen, die stolz da stehen und sie scheinen euch zu grüßen. Du fühlst dich vogelfrei. Du hältst dich gut an dem Adler fest und du fühlst dich ganz sicher in der luftigen Höhe. Ein leichter, warmer Wind, weht dir um deine Nase und es ist wie im Märchen. Du genießt diesen Ausflug sehr. Wiesen, Wälder, Lichtungen, Felder, Flüsse, Seen, alles schaut so klein von hier oben aus. Die Sonne lacht mit dir um die Wette. Es ist ein Wunder, das dir passiert. Deine Gefühle lassen dich glücklich sein und frei. Du fliegst durch das Himmelblau. Die Wolken, die du auf dem Waldweg sahst, denen bist du nun ganz nah. Zum Greifen nah. Es könnte ewig so weiter gehen, es ist wundervoll. Die Sonne wärmt dich und du sitzt sicher auf dem Rücken des Adlers. Die Welt liegt dir zu Füßen und du fliegst mit den Wolken um die Wette. Doch du weißt, irgendwann muss der Adler auch landen. Nach einer ganzen Weile setzt der Adler dann wieder zu einem weichen Landeanflug auf der Wiese an, auf der er dich hat aufsteigen lassen. Du streifst ihn mit deiner Hand leicht über sein Gefieder und bedankst dich von Herzen bei ihm. Der Adler freut sich darüber, denn er spürt, wie gut er dir geholfen hat. „Das habe ich gern getan. Wann immer du meine Hilfe brauchst, gern helfe ich dir wieder", sprach der Adler.

Mit einem wunderschönen Gefühl in dir und überaus glücklich, gehst du, über die bunte Wiese, zurück zur Treppe im Baum. Du verabschiedest dich von allen Tieren, die dich herzlich begrüßten und bedankst dich auch bei allen Pflanzen, bei den Insekten, einfach bei allen Lebewesen, die du gesehen oder getroffen hattest. Fröhlich machst du dich auf den Weg. Am Baum angekommen, siehst du die gedrechselten Stäbe am Geländer und sie scheinen sich mit dir zu freuen, denn sie drehen sich, um ihre eigene Achse und es klingt wie Musik. Es sieht himmlisch aus. Ein schöner Anblick. Du tanzt die Stufen nach oben, denn du bist glücklich.

Nun kommst du wieder an der Tür an, du öffnest sie vorsichtig und trittst hinaus. Es ist ein wunderbarer Tag. Der Treppe und auch dem Geländer, lässt du deine Dankbarkeit spüren, das du so gut auf den Stufen gehen und tanzen konntest und das schöne Geländer, dir immer Halt gab. Noch einmal blickst du zurück und dann schließt du leise die kleine Tür, in der Rinde des Baumes. Du legst liebevoll, dankend deine Hände auf die Rinde des Baumes, der das gehalten hatte, was er dir versprach. Das du etwas wunderbares gezeigt bekommst. Du setzt dich noch eine Weile unter den Baum, lehnst dich an seine Rinde, tankst noch etwas von seiner reinen Energie und teilst deine guten Gedanken mit ihm. Dann aber, machst du dich wieder voller Lebensenergie auf den Weg nach Hause, mit den Worten des Baumes im Ohr: „Komm gern wieder, wenn du Hilfe brauchst."

Du bedankst dich wiederholt und lässt den Baum wissen, wie reich dein Tag an schönen Erfahrungen, Erlebnissen und Eindrücken war. Fröhlich, gut gelaunt, mit positiver Energie, gehst du weiter, und du fühlst, es gibt Wunder, wenn du dafür bereit bist.

<u>Ein liebenswerter Kater</u>
(auch für Kinder gedacht)

Du gehst an der frischen, klaren Luft. Die Sonne lacht vom Himmel und du machst dich auf den Weg, etwas Schönes zu erleben. Etwas ,was nicht jedes Kind erleben kann.
Du gehst einen kleinen Weg entlang, da wo die Natur erst richtig anfängt. Weite Felder, stolze Wälder, mit kleinen Lichtungen, an denen die Tiere Rast machen können, und sie niemand stört. Du siehst Hasen hoppeln, Rehe springen, einen

Fuchs und ganz viele Vögel in der Luft und alle scheinen dich zu mögen, denn sie sagen dir, Guten Tag. Du grüßt sie freundlich zurück und sagst: „Lasst euch durch mich nicht stören, ich möchte nur einmal sehen, was ich bei euch so erleben kann." „Was möchtest du denn erleben", hörst du eine Stimme hinter dir. Du drehst dich um und siehst einen langhaarigen, weißen Kater vor dir stehen. Er hat große, blaue Augen, weißes Fell und rote Ohren und ist eine Seele von Tier. Er steht auf seinen großen

Pfoten und blickt dich fragend an. „Ja, so genau weiß ich es nicht, aber ich möchte gern etwas Schönes erleben", antwortest du ihm. Der Kater fühlt, dass du wohl Hilfe brauchst. „Hm, du möchtest wieder lachen können und glücklich sein", sprach er. Du bist erstaunt über das Gesagte, doch du nickst und sagst: „Ja, das stimmt, das möchte ich, wieder lachen können und glücklich sein." „Also gut, ich heiß, Puci und ich weiß, ich kann dir helfen." „Ja, wirklich", fragst du ihn. „Ja, hab Vertrauen zu mir und folge mir einfach. Lass uns darüber zu der großen, bunten Wiese gehen." Der kleine Kater stiefelt neben dir dahin. Er ist ein guter Kater und ein hübscher dazu. Sein langes, weißes Fell weht etwas im leichten Wind und seine Ohren hat er aufgestellt. Er gefällt dir gut. Fröhlich und schon etwas beschwingter, läufst du mit und freust dich, dass er dir helfen möchte. Nun seid ihr beide auf einer schönen, bunten Blumenwiese. Puci sagt: „So und nun lege dich bitte auf das warme Gras." Du traust dich erst gar nicht auf die Wiese, weil dann die schönen Blumen umknicken würden. Doch, Puci, fühlt das und gibt dir zu verstehen, dass du gutem Gewissen auf die Wiese treten darfst. Es ist eine Zauberwiese. Denn alle Gräser, Kräuter, Blumen und alles andere was so schön hier wächst, sind sofort wieder kerzengerade, sobald man die Wiese wieder verlässt. „Ja, ich weiß nicht", antwortest du ihm. „Die schönen, bunten Blumen und ich soll mich darauf legen." „Ja, komm hab Vertrauen, du kannst es selber sehen. Komm näher und sieh hinter dich, dann wirst du mir glauben, das alles wieder aufsteht was um getreten war. " Das klingt für dich verständlich und du traust dich. „Ja, wirklich, sieh", rufst du Puci, zu. „Der Klee, er steht wieder auf. Die Gräser alle richten sich wieder auf." Puci, freut sich mit dir und sagt: „Ja, aber du solltest dich auch bei ihnen bedanken, dass du sie betreten darfst." „Das mache ich." Fröhlich sagst du danke, danke liebe Wiese, liebe Blumen und Kräuter, lieber Klee, danke Pusteblume. Du freust dich so sehr, dass alles wieder in Ordnung kommt. Nun tust du auch, worum dich der kleine Kater gebeten hatte. Du legst dich vor ihm, in das grüne, weiche Gras. Leise sagst du dem Gras, das es sich gut anfühlt auf ihm zu liegen, und du fängst nun an zu lachen, denn, Puci, stellt sich über dich. Seine Barthaare kitzeln dir in deinem Gesicht. Du drehst deinen Kopf hin und her, um dem Kitzeln zu entkommen und hast Spaß dabei. Doch auch, Puci, hat Freude an deinem unbeschwerten Lachen. „Und, wie gefällt dir das", fragt er dich. Du antwortest: „Schön. Gut gefällt mir das." „Aber ich kann noch mehr. Hast du Lust auf mehr?" „Wie meinst du das, Puci, fragst du ihn. „So wie ich es sage, ich kann noch mehr. Viel mehr." Nun bist du unglaublich neugierig und möchtest natürlich gern wissen, was Puci noch kann. Dass es kein gewöhnlicher Kater ist, hast du schon erkennen können. Denn er spricht und er kann fühlen, wie es dir geht, dass hat dich schon zum Staunen gebracht. Puci, ist auch schon ganz aufgeregt und freut sich, denn er weiß ja, was jetzt kommt, seine Lieblingsbeschäftigung. Du hörst wie er dich fragt: „Bist du bereit?" Du fühlst dich schon viel wohler und antwortest ihm: „Ja, ich bin bereit Puci." Der Kater schließt seine Pfötchen um dich und sagt: „Wenn du doch ängstlich sein solltest, dann kannst du deine Hände um mich legen. Hab Vertrauen, ich kann dich halten. Du kannst auch deine Augen schließen, aber, dann wäre es wo möglich nur halb so schön." Du bist nun sehr gespannt darauf, was kommen wird. Und auf einmal geht es los. Du glaubst es nicht, doch der kleine Kater und du, ihr fliegt durch die Luft. Während des Fluges, sagt er dir: „Ich öffne nur einen kleinen bisschen meine Pfötchen und in dem Moment wird dich dein Schutzengel tragen und dich so in meine Pfötchen legen, das du beim Flug was sehen kannst." Du hast voll kommendes Vertrauen zu ihm und bist einverstanden. Du spürst wie seine Pfötchen nicht mehr so nah bei dir sind und just in diesem Moment, kannst du die wunderbare Welt, von oben sehen. Das alles geschieht im Handumdrehen und für dein Vertrauen, bekommst du eine Belohnung, die du dir nie hättest träumen lassen. Du fliegst mit einem kleinen Kater durch die Welt. Du siehst bunte Wiesen, stolze Bäume, die sonst so groß sind, wenn du unter ihnen stehst und nun siehst du sie etwas kleiner. Bestellte Felder, die Muster ergeben. Du siehst Hirsche, Rehe und Füchse , du siehst Vögel, die kreisend und zwitschernd unter euch fliegen, es fühlt sich so an, als ob sie sagen möchten, wie schön, dass ihr beide euch gefunden habt.

Hasen hoppeln unter euch und überhaupt die ganze Tierwelt, freut sich, das ihr in der Luft seit und Puci, dir so gut helfen kann, damit du wieder glücklich bist. Du streichelst seine Pfötchen während des Fluges und teilst ihm deine unglaublichen Gefühle mit, du bedankst dich und lässt ihn wissen, wie toll und aufregend du den Flug findest. Puci, fühlt schon, dass es noch nicht zurück gehen sollte. Und er schwenkt etwas nach links und meint: „Ich habe noch eine Überraschung für dich." „Noch eine", fragst du ganz aufgeregt nach. „Warte ab, gleich wirst du sie sehen können." Du genießt den Flug, von hier oben sieht alles ganz anders aus, und es ist ruhig und einfach nur ganz, ganz wunderbar. „Das glaube ich ja nicht Puci", rufst du laut. „Man, ist das eine Wucht! Wie weit sind wir denn geflogen! Wo sind wir

denn", rufst du ganz außer dir. Deine Gefühle fahren mit dir noch höher als hoch, denn, so etwas Schönes, hättest du wohl nie zu Gesicht bekommen ,wenn du nicht den kleinen, lieben Kater getroffen hättest.
Ein riesiger, blauer Wasserfall. Es ist ein lautes Dröhnen, das euch in der Luft erreicht. Massen von Wasser, fallen weit in die Tiefe, unter euch und ein leichter Nebel, liegt über dem Wasserfall und das ist noch nicht alles, denn Puci nimmt Anflug über den riesigen Wasserfall. Du spürst die reine

Energie. Ihr werdet getragen von purer Energie. Ihr atmet frei und tief. Du fühlst dich frisch und voller Lebenslust. Es ist ein gigantisches Bild. Anmutig, vor so viel Kraft und Schönheit, fühlst ganz tief in dir große Dankbarkeit. Du genießt. Obwohl das Getöse der Wassermassen bis hoch hinauf zu hören ist, ist es in dir ganz ruhig und still. Die blauen Fluten unter dir, der blaue Himmel über dir und um dich, die kleinen, weißen Wolken, die sich immer wieder zu verlaufen scheinen, weil sie nur ab und zu, zu sehen sind, und ein kleiner fliegender Kater, durch seine Pfötchen du sicher gehalten bist. Das ist wie ein Wunder.

Puci, fühlt deine unglaubliche Freude und Dankbarkeit und freut sich, das er dir so viel Schönes zeigen darf. Denn auch für ihn, ist es immer wieder ein Wunder, was man alles aus der Luft sehen kann.

Er fliegt noch einmal über den riesigen Wasserfall und schwenkt nun wieder ein, um zurück zu fliegen. Du bist noch immer ganz berührt und ruhst ganz still in dir, von dem, was du alles sehen durftest. Nach einer wunderbaren Flugzeit setzt der kleine Kater zur Landung an, die er mit Bravour besteht. Ihr beide macht es euch noch bequem auf der Wiese, und du bedankst dich noch einmal ganz liebevoll. Du nimmst Puci auf deine Arme und streichelst ihn. Das gefällt ihm und er schnurrt dir, in dein Ohr. Gern kuschelt er sich an dich ran. Deine Finger gleiten liebevoll durch sein volles, weißes langhaariges Fell. Mit leiser Stimme sagst du ihm: „Hab lieben Dank Puci, du hast mir sehr geholfen." Er fühlt die wahre Dankbarkeit von dir und fühlt sich sehr wohl dabei. „Sicher, ich wollte etwas erleben, deswegen kam ich hier her, doch damit hätte ich nie gerechnet. Es war wunderschön und aufregend. Doch nun muss ich wieder nach Hause." „Ich weiß", antwortet dir Puci. „Doch, eines möchte ich dir noch sagen, solltest du einmal wieder Kummer haben, oder nicht wissen, warum du nicht lachen kannst, dann komm wieder. Ich werde immer da sein, wenn du meine Hilfe brauchst."

Wieder bedankst du dich bei dem wunderbaren, kleinen Kater, der dir so liebevoll geholfen hat. Er fühlt, dass du heute angefangen hast, die Welt anders zu sehen. Du hast die Schönheit der Natur wahrgenommen, du hast liebe Tiere gesehen, die harmonisch zusammen leben, und du hast einen tierischen Freund gewonnen, der immer da sein wird, wenn du Hilfe brauchst. Seine Seele ist wie ein Engel. Liebevoll, mitfühlend, für jede Freu-

de zu haben und sehr hilfsbereit. Mit einen tiefen Gefühl der Liebe, das ganz tief in dir, dich strahlen lässt, machst du dich auf den Weg und fühlst dich so gut, wie nie zuvor. Du breitest deine Arme aus und schwingst sie in der Luft, drehst dich, summst vor dich hin und bist glücklich.
Puci, ist es auch, denn er konnte dir, auf seine Art helfen. Du weißt, du kannst, wenn du ihn brauchst, auf ihn zählen. Und du weißt, es gibt Wunder, denn du fühlst, du hast heute eines erlebt.

Ein besonderer Gastgeber

Du gehst im Wald spazieren, die angenehme Luft, streift dich nur ganz leicht, mit deinen Füssen trittst du kräftig auf und dein Blick ergreift alles ,was ihm bei dem Spaziergang geboten wird. Die stolzen, hohen Bäume, das grüne Moos, die Buschwindröschen, die Maiglöckchen, die Farne und Gräser, alles ist am Grünen und Blühen. Das Grün der Blätter von den Bäumen, an denen du vorbei gehst, scheint dir sagen zu wollen, hier entlang, geh weiter es wird dir gut tun. Alles was dir nicht dienlich ist, an Gedanken und Gefühlen, verlierst du bei dem Spaziergang und du fühlst dich bei jedem Schritt, immer besser und unbeschwerter. Du fängst an, tief die gesunde Waldluft einzuatmen und nimmst alle Düfte war. Es beflügelt dich. Du fühlst dich schon ausgeruhter und viel wohler in deiner Haut. Du gehst immer weiter und ein Stück voraus, siehst du einen großen Baum, der kerzengerade gewachsen ist. Unter ihm, ist

grünes Moos und es lädt dich
zu einer Pause ein. Dieses Gefühl
nimmst du sehr stark war
und lässt dich auf dem Moos,
unter dem Baum nieder. Es
fühlst sich ganz weich an. Wie
ein grüner Teppich breitet sich
das Moos vor dir aus und du
kannst dich sogar hinlegen
und träumen. Deine Hände
legst du unter deinem Hinterkopf
und blickst in den blauen
Himmel. Dieser, wird nur
durch das Grün der Blätter ein
wenig bedeckt. Der Wind lässt
die Blätter an den Zweigen ein
wenig tanzen. Ein schönes

Bild bietet sich dir. Vögel zwitschern und fliegen von den Bäumen hinaus ins Himmelblau und kommen auch wieder zurück und scheinen ihren Artgenossen alles zu erzählen, was sie bei ihrem Ausflug, aufregendes erlebt haben. Kleine, weiße Wolken ziehen leicht vorüber. Sie scheinen dir zu zurufen, das machst du sehr richtig. Schau uns zu, wie wir am Himmel unserer Wege ziehen. Du fühlst dich wunderbar. Jetzt nimmst du auch ein leichtes Rauschen war, das wohl schon die ganze Zeit zu hören war, doch du bist nun schon ausgeruhter, das du es auch hören kannst. Du richtest dich auf und schon im sitzen, versuchst du Ausschau zu halten, wo das angenehme Geräusch herkommt. Du kannst es noch nicht sehen und so richtest du dich wieder vollständig auf. Du gehst um den Baum und ein Teppich von Buschwindröschen, der wunderschön aussieht, führt direkt dahin, woher das Rauschen kommt. Jetzt siehst du bereits, einen kleinen Bach, das Wasser fließt ganz klar und schnell vor deiner Nase.

Größere und kleine Steine liegen ihn ihm und werden durch das Wasser gewaschen und geschliffen. Einige von ihnen, funkeln leicht. Es ist ein schöner Anblick. Der Bach ist gesäumt von grünem Gras, das zum verweilen einlädt. Du setzt dich auf das Gras und lässt deine Füße, sich im Wasser erfrischen. Das Wasser umspielt deine Zehen. Ein schönes Gefühl. Hier kannst du eine ganze Zeit verweilen. Du ruhst in dir und blickst über den Bach. Da siehst du eine Reh Familie. Diese geht ganz ge-

mächlich durch den wunderschönen Wald. Sogar einen Hasen kannst du beobachten.
Du nimmst deine Füße nun aus dem frischen Wasser und legst sie nun auf das Gras. Auch hier legst du dich wieder nieder um in den Himmel blicken zu können. Das fließende Wasser des Baches, ist nun ganz deutlich zu hören und wirkt beruhigend auf dich. Es riecht nach frischem Wald, nach klarem Wasser und duftet nach Blüten und Gräsern. Du spürst, dass das Wasser an

deinen Füßen getrocknet ist und gehst nun wieder weiter.
Immer noch begleiten dich einige Tiere des Waldes, so als ob sie dich beschützen auf deinem Weg. Mit sehr guten Gefühlen und Gedanken, kommst du auf einen anderen Weg, der dich zu einem Haus bringt, was dir sehr gut gefällt und es gibt dir ein Gefühl das du willkommen bist. Du fühlst, dass es dich sogar herein bittet. Das Haus ist aus rotem Stein gebaut, und mit sehr viel Holz und diese Holzbalken kommen an der Häuserwand zum Vor-

schein, die die roten, sauberen Steine immer wieder unterbrechen. Kleine Türme, kannst du an dem oberen Stockwerk sehen. Du stellst dir vor, wie schön es in den Zimmern sein muss. Die Haustür ist aus dunklem, schwerem Holz und sieht sehr einladend aus. Du gehst näher heran und deine Neugier lässt es zu, dass du eintrittst. Du hast die schwere Tür geöffnet und trittst in eine große, mit herrlichem Design, gestaltete Eingangshalle. Der Boden der Halle ist gefliest, mit hellen und dunkleren, grünen Fliesen. Diese liegen in einem Muster, das es für das Auge eine Pracht ist, es anzusehen. Durch das abwechselnde Farbenspiel, das der Boden der Halle dir bietet, wirst du noch neugieriger und gehst weiter. Es sind einige Türen zu sehen, doch eine Tür zieht dich magisch an. Auch sie ist wieder, genau wie die Eingangstür aus schweren dunklen Holz, doch etwas ist anders an ihr. In der Mitte der Tür sind bunte Gläser eingebaut. Auch hier sind verschiedene Grüntöne zu sehen, die sich mit rotem Glas abwechseln. Eine wunderschöne Tür. Du brauchst etwas Kraft um sie aufzutun, doch die hast du ja schon in dir, denn du hast sie sammeln können, durch die erholsamen Pausen im Wald, auf dem Moos und durch das Verweilen, am Bach. So bekommst du die schwere Tür auf und gehst den Gang weiter, der sich vor dir auftut. Es sieht nun anders aus, als gerade noch in der schönen Eingangshalle. Du siehst ein Gewölbe, das sehr einladend ist. Du gehst weiter. Voraus, siehst du, das du links oder rechts gehen könntest, je nach dem, wie du dich entscheiden möchtest. Wie von Zauberhand, gehst du links herum und wieder gehst du, einen langen Gewölbegang entlang. Deine Neugier ist noch nicht gestillt. Vor dir tun sich nun sieben Stufen auf. Am Ende der Stufen ist eine Tür. Du steigst die Stufen hinauf und greifst nach der alten Klinke, die du kräftig nach unten drückst. Doch es geht ganz leicht. Fast wie von allein, öffnet sich die Tür, die dieses Mal aus hellem Holz ist. Sie hat schöne

Schnitzereien, als Verzierung zu bieten. Das Bild zeigt ein Gewölbe, in dem, an einem Tisch, ein alter Mann sitzt, mit langem Bart und Pfeife. Und genau diesen Mann, findest du nun auch hinter dieser Tür, unter dem Gewölbe vor. Ein kleiner Tisch aus dunklem Holz, mit passenden Stühlen, aus demselben Holz gebaut, stehen vor dir und auf einem der Stühle, sitzt der Mann. Er hat tatsächlich einen langen Bart, der ganz weiß ist und er raucht Pfeife. Er hat einen Hut auf, doch sein nettes Gesicht kannst du gut sehen und er macht eine Handbewegung, die dich ahnen lässt, dass du dich, auf einen der anderen Stühle, setzen darfst. Wieder macht der alte Mann eine Handbewegung und plötzlich wie aus heiterem Himmel, steht eine Brotzeit auf dem Tisch. Frisches Obst, wie Äpfel, Birnen, Weintrauben auch duftendes frisches Brot , mit Käse und Schinken und ein wunderschöner, mit verschiedenen Edelsteinen verzierter Becher. Er ist gefüllt mit klarem, gesundem Quellwasser.

Du bist überwältigt von so viel Gastfreundschaft und bedankst dich bei dem alten Mann, für diese nette Einladung. Dann langst du kräftig zu. Es schmeckt sehr gut, es ist auch alles ganz frisch und sehr appetitlich anzusehen. Dann hebst du den reich verzierten Becher an, um zu trinken und wie das Wasser an deine Lippen kommt, bemerkst du schon, das es eine wunderbare Energie hat, so als ob es alles weg spülen wird, was nicht zu dir gehört. Es schmeckt sehr gut und du bist glücklich, dass der alte Mann, so gastfreundlich ist, um dir so eine reiche Mahlzeit zu bieten. Kurz verweilst du bei dem alten Mann, dann bedankst du dich, für das leckere Essen und für den Trank und gehst wieder zurück zur schönen Eingangshalle. Als du die große Tür zum Freien öffnest, vernimmst du eine angenehme Stimme. „Du bist in Sicherheit, dir geht es gut und du bist glücklich." Deine Augen strahlen und du fühlst genau, das, was die Stimme dir sagt. Und als du ins Freie trittst, kommt es dir vor, als wäre der Himmel blauer, die Luft klarer, der Wind leichter und der Wald grüner, als zuvor und die Düfte viel intensiver. Du fühlst dich beschwingt und glücklich. Du fängst auf dem Waldweg an zu tanzen, drehst dich um deine eigene Achse und blickst immer wieder hinauf zum Himmelszelt. Alles um dich, ob Stein oder Wasser, Blumen oder Wiese, Farne oder Moose, auch die Tiere, einfach alles, spürt deine Dankbarkeit, für diesen schönen Ausflug. Du verabschiedest dich ganz leise von allem, was dir begegnet war und auf dem du gesessen oder gelegen hattest, von allem was dir vor die Nase kam und was du erblicken durftest. Glücklich und ruhend in dir selbst, kommst du wieder bei dir zu Hause an.

Die magische Feder

Du gehst einen Feldweg entlang und schaust vor dir auf dem Boden. Viele bunte, große und kleinere Steine, sehen dir entgegen. Einige sind schon ganz aus der Erde gewachsen und andere, liegen noch fast bedeckt in ihr. Ganz unterschiedliche Farben haben die Steine. Rote und schwarze liegen in der Erde, weiße und gelbe rekeln sich auf der Erde und lassen sich von der Sonne wärmen, so wie du.

Ein warmer Sommerhauch streift dich deines Weges. Die Felder links und rechts von dir, waren gut bestellt und tragen nun schon, sichtbar das Korn zu Tage. Weizen und Roggen, ihre Ähren wiegen sich harmonisch im Sommerwind. Weit vor dir, siehst du ein Sonnenblumenfeld. Es ist eine Augenweide. Dieses Sonnengelb, es macht sofort gute Laune. Du gehst weiter und deine feine Nase, nimmt alles war. Es ist ein schöner Tag. Du siehst eine Scheune am Wegesrand, welche ihre Tür sperrangelweit offen hat. Sie ist schon gut mit Heu gefüllt. Es duftet herrlich. Es erinnert dich an unbeschwerte Kindertage im Heubett.

Du gehst in die Scheue und du kannst es nicht lassen, dich mit vollem Schwung, in das Heu zu werfen. Himmlisch. Ganz bei dir selbst, mit guten Gedanken, schlummerst du langsam ein. Du nimmst noch den Duft des Heus wahr und fällst in schöne Träume. Während dessen du dich ausruhst, wiegen sich auf den Feldern, die Ähren weiter im Wind.

Langsam schickt dich der Schlaf zurück und du öffnest kurz deine Augen und bemerkst, wie ausgeruht du bist, wie munter.

Du erhebst dich aus dem Heubett und gehst weiter deines Weges, aber du bedankst dich bei der Scheune mit dem vielen Heu, dass du hier ausruhen durftest in so einem schönen Bett und es dir süße Träume schickte.

Zufrieden gehst du weiter den Feldweg entlang. Weiter vorn, nur ein Stück von dir entfernt, siehst du schon den grünen

Wald stehen. Dein Gefühl sagt dir, die Bäume raunen dir zu, komm näher, auch bei uns im Wald, kannst du dich gut erholen. Du folgst diesem Gefühl und gehst etwas schneller den Weg entlang. Als du am Waldrand ankommst, fühlst du schon die Kraft der Bäume, die stolz und ruhig da stehen. Sie sprühen vor Stärke, aber sie schenken trotzdem Ruhe und Geborgenheit. Es ist schön. Du verlässt den Feldweg, um nun den weichen Waldweg entlang zu gehen. Kleine Käfer und Insekten schwirren um dich und möchten dich begrüßen. Es ist schön. Die Baumkronen sind hoch und tragen satte, grüne Blätter an den Zweigen. Das Moos am Waldboden ist weich. Farne haben auch eine satte, grüne Farbe und ihre Blätter wiegen sich leicht im Sommerwind, der nur ganz sacht in den Wald bläst. Immer weiter gehst du den Waldweg entlang, der sich für dich ganz weich anfühlt. Ab und zu raschelt es im Gebüsch und du kannst Vögel beobachten, diese da umher laufen. Es macht dir Freude, die Tiere zu beobachten.

Ganz in dir ruhend und mit immer mehr guten Gedanken und Gefühlen, gehst du weiter. Dann kommst du an eine Lichtung. Die Sonne hat jetzt wieder die Möglichkeit, sich dir vollständig zu zeigen. Du streckst dein Gesicht ihr entgegen, schließt deine Augen und lässt dich wärmen. Bunte Blumen, schmücken das grüne Gras der Lichtung. Maulwurfhaufen zeigen sich dir und Libellen schwirren über die Wiese. Bienen und Hummeln summen um dich herum und die Vögel zwitschern in der Luft.

Ein schönes Bild, was sich dir da zeigt. Herrlich. Frische Sommerluft, bunte Wiesen, harmonisches Zusammensein der Tiere und du mittendrin. Du fühlst dich gut. Am Ende der Lichtung, kannst du Rehe erkennen, welche da grasen. Du suchst dir ein schönes Plätzchen aus und lässt dich da nieder. Du legst dich auf das grüne Gras und blickst in den Himmel. Er ist weit und blau, wunderschön. Du siehst weit oben, Vögel ziehen und ab und zu, auch kleine Insekten die dir um deine Nase tanzen. Du

fühlst dich wohl und blickst den ziehenden Schönwetter Wolken nach. Kleine Haufen, wie aus Watte, so gleiten sie am Himmel entlang. Die Sonne wärmt dich und du nimmst den Duft der Wiese war. Am liebsten würdest du so liegen bleiben. Du fühlst dich frei und glücklich. Alles stimmt.
Als du die Augen öffnest, siehst du weit oben am Himmelblau, einen Bussard fliegen. Er kreist um die Wiese. Deine Gefühle sagen dir, alles ist gut.

Der Bussard nimmt einen seichten Anflug auf die Wiese und setzt sich ein Stück weg von dir, auf einen alten Baumstumpf. Prachtvoll sitzt das Tier da und blickt in deine Richtung. Du nimmst wahr, dass er dich zu sich ruft. Etwas zögernd, aber neugierig gehst du auf ihn zu. Du bist bei ihm und er senkt sein Haupt nach unten, so als ob er guten Tag sagen wolle. Ein schönes Tier.
Dann blickt er in eine andere Richtung, um dir zu zeigen, das da ein Fuchs ist. Auch er

begrüßt dich, geht dann aber, wieder seiner Wege.

Der Bussard blickt dich an und gibt dir das Gefühl, du solltest über sein Gefieder streichen. Behutsam geht deine Hand an seine Schwingen und gleitet vorsichtig darüber. Sichtlich gerührt von deiner Geste, lässt er eine Feder, aus seinem Gefieder zu Boden fallen. Dann macht er sich davon. Wieder oben in den Lüften, ruft er dir zu: „Bewahre sie gut auf, sie wird dir helfen." Dieses Gefühl, das du nun in dir spürst, ist so tief und stark. Du hebst die

Bussardfeder auf und du streifst über sie, blickst sie an und irgendwie scheint sie etwas mit dir zu machen. Auf einmal hast du so ein Gefühl, unendlicher Freiheit in dir, so, als ob dir nun alles gelingen wird. Du spürst eine positive Energie, ja, du spürst ganz genau, wie altes geht, dass dir nicht mehr dienlich ist und so nun frische, positive Energie dich erfüllen kann, wenn du über die Feder des Bussards streichst. Es ist eine magische Feder. Immer wieder streichst du über ihre Oberfläche und immer mehr spürst du, wie frische, gute Energie zu dir kommt, wie gute Gedanken dich richtig fühlen lassen. Es ist ein wunderbares Geschenk, das der Bussard dir gemacht hat. Du blickst nach oben und schickst ihm deine Dankbarkeit.

Du bist glücklich. Fröhlich gestimmt, gehst du nun zurück, zu den bunten Steinen die im, oder bereits, auf dem Feldweg liegen, um nach Haus zu kommen. So ein schöner Tag. Beschwingt, mit schönen Eindrücken und dankbar, für das wundervolle Geschenk des Bussards, aber auch fühlend, das schon ein Heubett, oder ein Sonnenstrahl Gutes bewirken kann, wenn du es zu lässt, gehst du nun wieder deiner Wege.

Zum guten Schluss

Liebe Leser, in den zwei nachfolgenden Seiten finden Sie Platz für Ihre eigenen Notizen. Vielleicht halten Sie inne und möchten, den einen oder anderen guten Gedanken festhalten.
Mit diesen Worten möchte ich mich von Ihnen verabschieden und wünsche Ihnen eine gute und friedvolle Zeit.

Eigene Notizen

Eigene Notizen

Von Marion Jana Goeritz ebenfalls beim Verlag BoD erschienen (BoD Books on Demand, Norderstedt, nähere Informationen finden Sie unter www.BoD.de)

„Liebe für die Seele Band 1"

ISBN 978-3-7357-4045-8

„Liebe für die Seele Band 2"

ISBN 978-3-7357-7734-8

„Seelenweiß"

ISBN 978-3-7347-5769-3

„Seelen essen Liebe gern"

ISBN 978-3-7347-8706-5

„SeelenEngel"

ein spiritueller Erfahrungsbericht

ISBN 978-3-7386-2588-2

„SeelenSchlüssel"

ISBH 978-3-7386-3844-8

„Seelenfarben"

ISBN 978-3-7386-3947-6

„Seelenschimmer"

ISBN 978-3-7386-4014-4

„Seelenfinden"

ISBN 978-3-7386-4037-3

„Ein Gefühl meiner Seele"

ISBN 978-3-7386-1506-7